los Pitufos™

los PITUFOS ™

LA PITUFINA

Incluye también:
LOS PITUFOS TIENEN HAMBRE

NORMA
Editorial

los
PiTUFOS

Volumen 4
La pitufina
Título original: "La Schtroumpfette"
Primera edición: Agosto de 2013

© Peyo - 2013 - Licensed through I.M.P.S. (Brussels) - www.smurf.com

© 2013, Norma Editorial por la edición en castellano.
Passeig de Sant Joan 7 – 08010 Barcelona.
Tel.: 93 303 68 20 – Fax : 93 303 68 31.
E-mail : norma@normaeditorial.com
Dibujo: Peyo
Guión: Y. Delporte y Peyo
Traducción: IMPS
Rotulación: Joanmi I. O.
ISBN: 978-84-679-1160-2
Depósito legal: B-9113-2013

www.NormaEditorial.com
www.NormaEditorial.com/blog
www.smurf.com

Consulta los puntos de venta de nuestras publicaciones en
www.normaeditorial.com/librerias

Servicio de venta por correo: Tel. 93 244 81 25 – correo@normaeditorial.com,
www.normaeditorial.com/correo

NormaEditorial

LA PITUFINA

ES PRIMAVERA. LA ALDEA PITUFA RECIBE CON ALEGRÍA EL BUEN TIEMPO.

LOS PITUFOS VIVEN EN UN AMBIENTE DE ARMONÍA Y PAZ GENERAL.

¡BUENOS DÍAS, PAPÁ PITUFO!

¡BUENOS DÍAS! ¡BUENOS DÍAS!

¡VAYA! AHÍ VIENE EL PITUFO VANIDOSO. ¿ESTRENAS TU SOMBRERO NUEVO CON LA FLOR AMARILLA?

CLARO, PAPÁ PITUFO. ESTAMOS EN PRIMAVERA.

¡BUENOS DÍAS, PITUFO PEREZOSO!

¿QUÉ TAL VA ESO, PITUFO GOLOSO?

¡ECHTUPENDAMENTE, PAPÁ PITUFO! LA ZARZA-PARRILLA FRESCHQUITA ECHTÁ BUENÍCHIMA!

POUEETOUEET

¡ESE ES EL PITUFO ARMONÍA, QUE ESTÁ ENSAYANDO!

BUUM BUUM BUUM

¡EJEM...! ¡BRAVO! ¡MUY BIEN! ¡ESTÁS PROGRESANDO MUCHO CON LA TROMPETA!

PERO..., ¡SI YA NO PITUFO LA TROMPETA, PAPÁ PITUFO. ¡AHORA PITUFO LA GUITARRA!

!

¡BUENOS DÍAS, PAPÁ PITUFO! ¿SE PITUFA BIEN? ¿QUIERE QUE VAYA A PITUFARTE UNAS NUECES, PAPÁ PITUFO?

A MÍ NO ME GUSTAN LAS NUECES.

NO, NO, GRACIAS, PITUFO FILÓSOFO. SI TE NECESITO, YA TE LLAMARÉ.

¿DE VERDAD? GRACIAS, PAPÁ PITUFO.

¡VAYA! AHÍ VIENE EL PITUFO BROMISTA.

¡EH, PITUFO FILÓSOFO! ¡TENGO UN REGALITO PARA TI!

¡QUÉ AMABLE POR TU PARTE! ¿QUÉ ES...?

¡BUUUM!

¿OCURRE ALGO? PARECES MUY MELANCÓLICO.

PUES... SÍ. ME ABURRO.

¿TE ABURRES...? ¡HUM! ESPERA... ¿Y SI PITUFÁRAMOS UNA GRAN FIESTA PRIMAVERAL ESTA NOCHE?

¡OH, SÍ! ¡OH, SÍ, PAPÁ PITUFO! ¡CON MÚSICA Y BAILE! ¡CÓMO NOS PITUFAREMOS!

Y AQUELLA NOCHE, LOS PITUFOS CANTAN Y BAILAN EN TORNO A UNA HOGUERA. ¡SE SIENTEN FELICES!

PERO EXISTE ALGUIEN A QUIEN LA PRIMAVERA NO LE HACE FELIZ... EL ODIOSO BRUJO GARGAMEL, QUIEN, EN SU SINIESTRA CASONA, DA RIENDA SUELTA A SU RENCOR.

¡ME VENGARÉ!

SÍ, ME VENGARÉ DE ESOS DICHOSOS PITUFOS. ¡Y MI VENGANZA SERÁ **TERRIBLE**!

¿Y SI INCENDIARA EL BOSQUE DONDE SE OCULTA SU MALDITA ALDEA? NO, NO ES LO BASTANTE CRUEL. ¿Y SI CREARA UN ENCANTAMIENTO PARA QUE LAS LIANAS ASFIXIARAN LA VEGETACIÓN Y CUALQUIER OTRA FORMA DE VIDA? ¡NO!

¡NO! HACE FALTA MUCHO MÁS. UN SORTILEGIO TERRIBLE QUE LOS OBLIGUE A PEDIRME CLEMENCIA. ¡UNA MALDICIÓN ESPANTOSA!

¡OH! ¡CLARO!
¡YA LO TENGO!

VOY A ENVIARLES...
¡UNA PITUFINA!

¡JA! ¡JA! ¡JA! ¡DEPRISA! ¡ARCILLA! ¡LA ARCILLA MÁS PURA! BASTARÁ CON UN PUÑADITO.

¡A TRABAJAR! UNA BOLA PARA LA CABEZA, DOS BASTONCITOS PARA LOS BRAZOS... ¡JE, JE, JE! YA VA TOMANDO FORMA.

LAS MEJILLAS... DOS HOYUELOS... UNA NARICITA RESPINGONA...

?

Y AHORA, UNAS CUANTAS PERLAS PARA LOS DIENTES...

ZAFIROS PARA LOS OJOS, LA SEDA MÁS FINA PARA LOS CABELLOS...

PINTURA AZUL PARA QUE TENGA UNA AUTÉNTICA TEZ DE... EJEM... NOMEOLVIDES.

UN TRAJECITO VISTOSO...

¡YA ESTÁ! ¡UNA MUÑEQUITA PRECIOSA! ¡LOS VOLVERÁ LOCOS A TODOS!

SOLO LE FALTA EL MOVIMIENTO Y LA PALABRA... ¡MANOS A LA OBRA!

3

VAMOS A VER... "CÓMO ENCONTRAR UNA AGUJA EN UN PAJAR"... "CÓMO CONSEGUIR QUE CREZCA PEREJIL EN LAS OREJAS DE UN CALVO"...

AQUÍ ESTÁ: "CÓMO CONVERTIR UNA ESTATUILLA EN UN SER DE CARNE Y HUESO"... CON LA LISTA DE INGREDIENTES.

UNA PIZCA DE COQUETERÍA... UNA BUENA CAPA DE PARCIALIDAD... TRES LÁGRIMAS DE COCODRILO... UN CEREBRO DE LAGARTIJA... POLVO DE LENGUA DE VÍBORA... UN QUILATE DE SIMPATÍA... UN PUÑADITO DE CÓLERA... UN DEDO DE MENTIRIJILLAS... UN DEDAL DE GLOTONERÍA... UN CUARTILLO DE MALA FE... UNA PIZCA DE INCONSCIENCIA... UN SOPLO DE ORGULLO... UNA PINTA DE ENVIDIA... UN POQUITÍN DE SENSIBLERÍA... UNA MEDIDA DE TONTERÍA Y UNA MEDIDA DE ASTUCIA... MUCHO INGENIO Y MUCHA OBSTINACIÓN... UNA VELA QUE HAYA ARDIDO POR LOS DOS EXTREMOS... (1)

¡YA LO TENGO TODO!

LO CALIENTO SOBRE UN FUEGO A BASE DE PAJA...

PFFF PFFF

...Y METO DENTRO LA ESTATUILLA HASTA QUE TENGA UN TEMPERAMENTO HIRVIENTE.

PLITCH

¡POR FIN! YA ABRE LOS OJOS.

¿DÓNDE ESTOY?

¡HURRA! ¡LO HE CONSEGUIDO

Y AL DÍA SIGUIENTE, EN EL BOSQUE...

¡BUAAAAAAA! ¡QUÉ DESGRACIADITA SOY!

?

(1) EL ÚNICO RESPONSABLE DE ESTA FÓRMULA ES EL AUTOR DEL TRATADO "MAGICAE FORMULAE", DE EDICIONES BELCEBÚ.

¿FALTA MUCHO?

NO. EN CUANTO HAYAMOS PITUFADO EL RÍO, HABREMOS LLEGADO.

¡HOP! ¡HOP!

BUENO... ¿A QUÉ ESPERAS?

¡NO... NO ME ATREVO! LAS PIEDRAS PARECEN MUY RESBALADIZAS.

¡NADA DE ESO! NO TENGAS MIEDO... VOY A DARTE LA MANO.

¡NO, NO, NO! ¡NO PUEDO HACERLO! ¡ME CAERÍA DE CABEZA AL AGUA! ¡LO SÉ!

¿Y QUÉ VAS A HACER ENTONCES?

NO HAY MÁS QUE UNA SOLUCIÓN... ¡QUE TÚ ME LLEVES EN BRAZOS!

¿AH? BUENO.

!

¡YA HEMOS LLEGADO!

¡QUÉ BONITO! PARECEN CASITAS DE MUÑECAS.

¡ES UNA PITUFINA!

¡AH!

¡QUÉ ASPECTO TAN RARO TIENE!

SÍ, Y ESO QUE NO PARECE MUY MAYOR. TODO LO MÁS TENDRÁ 130 AÑOS.

¡A MÍ NO ME GUSTAN LAS PITUFINAS!

¿Y SI LE OFRECIERA UN REGALITO?

¡EH, PITUFOS! MIRAD LO QUE HE PITUFADO EN EL BOSQUE.

!

Peyo 6

10

¿QUÉ PASA?

¡AH!

MIRE, PAPÁ PITUFO. UNA PITUFINA. ESTABA PERDIDA EN EL BOSQUE Y DECIDÍ PITUFARLA HASTA LA ALDEA.

¡SÉ BIENVENIDA ENTRE NOSOTROS! PERO PERMÍTEME QUE TE PREGUNTE CÓMO ES POSIBLE QUE...

¿PUEDO QUEDARME? ¡OH, QUÉ CONTENTA ESTOY! ESTOY TAN, TAN CONTENTA... ¡NO PUEDE IMAGINARSE LO MAL QUE LO HE PASADO ESTA NOCHE EN EL BOSQUE!

YA, YA..., YO QUERÍA PRE- GUNTARTE...

¡TEMÍ MORIR DE HAMBRE Y DE FRÍO! NO OÍA MÁS QUE RUIDOS RAROS... ¡RUIDOS ESPANTOSOS! ¡QUÉ PUEBLECITO TAN BONI- TO! ¡QUÉ MIEDO HE PASADO! NO SE LO PUEDE IMAGINAR.

¡ASÍ QUE USTED ES EL JEFE DE LOS PITUFOS! ¡CARAMBA! ¡QUÉ GRAN RESPONSABILIDAD! ¿Y DÓNDE VOY A ALOJARME?

¡ATIZA, ES VERDAD! TODAS LAS CASAS ESTÁN OCUPADAS... ESPERA...

¡PITUFOS! ¿QUIÉN DE VOSOTROS ESTÁ DISPUESTO A PITUFAR SU CASA A PITUFINA?

PUES...

ES QUE YO...

SI NO FUERA POR...

¡ÉL!

¿YO? ¿POR QUÉ YO?

¿Y POR QUÉ NO?

¿Y POR QUÉ NO ÉL?

¡NO VEO NINGUNA PITUFA PARA SER YO Y NO TÚ!

NO, NO, NO. PAPÁ PITUFO TE MIRABA A TI CUANDO PITUFÓ QUIÉN DE NOSOTROS QUERÍA PITUFAR SU CASA A PITUFINA. HAY QUE HACER LO QUE PITUFA PAPÁ PITUFO, SI NO...

¡SÍ!

¡NO!

¡YO, SIEMPRE YO!

¡MENTIRA!

¡JE, JE! SEGURO QUE A ESTAS HORAS, MI PEQUEÑA PITUFINA HA PENETRADO PROFUNDAMENTE EN EL CORAZÓN DE MÁS DE UN PITUFO.

¡BASTA! TÚ SERÁS EL QUE PITUFARÁ SU CASA A PITUFINA.

¿Y DÓNDE PITUFARÉ YO, SI PUEDE SABERSE?

¡EN CASA DEL PITUFO FILÓSOFO!

¿Y YO?

TÚ IRÁS A CASA DEL PITUFO VANIDOSO.

¿A MI CASA? ¿Y YO?

TÚ PITUFARÁS EN CASA DEL PITUFO BROMISTA, QUE PITUFARÁ EN CASA DEL PITUFO ARMONÍA, QUIÉN IRÁ A PITUFAR A CASA DEL PITUFO GOLOSO, Y...

¿ES VERDAD QUE VAS A CEDERME TU CASA? ¡QUÉ GALANTE!

¡HUM!

¡DEJA QUE TE BESE!

SMAK

¡¡PUAH!! ¡ASÍ ES COMO SE PEGAN LOS MICROBIOS!

VEN. TE ACOMPAÑARÉ HASTA LA CASA.

ASÍ QUE YO PITUFARÉ EN TU CASA.

¿Y YO?

PUES... ¡EN CASA DE PITUFO!

¡QUÉ BONITO!

TE DEJO SOLA PARA QUE DESCANSES.

TÚ, EN CASA DE PITUFO...

¿Y ÉL?

¿Y PITUFO?

¿SÍ?

PUES... EN TU CASA.

¡AH, BUENO!

PERO BUENO... ¿Y YO, QUÉ?

AL DÍA SIGUIENTE...

TOC TOC TOC

¡BUENOS DÍAS! ¿QUÉ TAL HAS PITUFADO?

¡MUY BIEN! ¿Y USTED? PASE, PASE.

HE HECHO ALGUNOS ARREGLOS. ¿VERDAD QUE ASÍ ESTÁ MÁS MONO...?

!

HE VENIDO A DECIRTE QUE HOY NO QUEDARÁ NADIE EN EL PUEBLO. NOS VAMOS TODOS A PITUFAR A LA PRESA, JUNTO AL RÍO PITUFO.

¡OH, QUÉ EMOCIONANTE! ¿PUEDO IR YO TAMBIÉN?

NO, NO. NO ES UN LUGAR PARA UNA PITUFINA. ES MUY PELIGROSO Y...

¡POR FAVOR! ¡POR FAVOR! ¡NUNCA HE PITUFADO UNA PRESA!

ES QUE...

¡NO MOLESTARÉ A NADIE! ME PONDRÉ EN UN RINCONCITO. SE LO PROMETO.

ADEMÁS, TAMBIÉN PODRÍA SER ÚTIL. ¿Y SI SE DESCOSE UN TROCITO DE PRESA? YO LO PODRÍA PITUFAR EN UN MOMENTO.

ESTÁ BIEN. ESTÁ BIEN.

¡ES GIGANTESCA!

AHORA SIÉNTATE AQUÍ Y NO...

¡OH! ¿QUÉ ES AQUELLA COSA TAN GRANDE DE MADERA?

ES UNA TORRE QUE SIRVE PARA...

¿Y QUÉ HACE AQUEL PITUFO CON UNA PALA JUNTO A AQUEL ENORME AGUJERO?

¿Y PARA QUÉ SIRVEN ESAS PIEDRAS? ¿POR QUÉ NO PINTÁIS LA MADERA DE COLOR ROSA? SERÍA MUCHO MÁS BONITO. ¿Y AQUELLO QUÉ ES?

ESCUCHA, TENGO QUE SUPERVISAR EL TRABAJO. SIÉNTATE Y NO TE MUEVAS. **¡PASE LO QUE PASE!**

MMM-MMMM MMM...

¿POR QUÉ CAVAS UN HOYO?

PORQUE PAPÁ PITUFO ME HA DICHO QUE PITUFE UN HOYO, Y YO SIEMPRE PITUFO LO QUE PAPÁ PITUFO ME PITUFA.

¿Y PARA QUÉ SERVIRÁ ESE HOYO?

NO LO SÉ, PERO YA QUE PAPÁ PITUFO ME...

¡ES RIDÍCULO! ¡MIRA QUE CAVAR UN HOYO SIN SABER POR QUÉ! PAPÁ PITUFO DEBERÍA HABÉRTELO DICHO.

DESPUÉS DE TODO, PAPÁ PITUFO NO ES INFALIBLE. POR MUCHO QUE DIGA ESTO O AQUELLO, NO HAY QUE OBEDECERLO A CIEGAS SIN VERIFICAR QUE LO QUE DICE ESTÁ BIEN. ¿NO CREES?

¡EH! NO SE PUEDE PITUFAR POR ESA PASARELA.

SÍ, SÍ. PAPÁ PITUFO DIJO QUE SE PODÍA.

¿SIGUES DURMIENDO? ¡VAMOS, VAMOS, A TRABAJAR, SO PEREZOSO!

COMES DEMASIADO. ¡CUALQUIER DÍA TENDRÁS UN EMPACHO!

MIRA, YO DE ESTO NO ENTIENDO NI PUM, PERO YO DE TI EMPEZARÍA POR EL OTRO LADO.

¿OTRA VEZ DURMIENDO? ¡QUÉ MALO ERES!

¿ALGUIEN HA VISTO UNA FLORECILLA QUE ENCONTRÉ ESTA MAÑANA? NO RECUERDO DÓNDE LA DEJÉ.

¿POR QUÉ NO JUGAMOS AL ESCONDITE?

¿ALGUIEN NECESITA AYUDA?

MÁS TARDE...

¡REGRESAMOS AL PUEBLO!

¡QUÉ DÍA TAN PESADO! ¿VERDAD?

¡PFF!

YA PODÉIS EMPEZAR A PITUFAR LA CENA.

¡DEJE QUE YO ME ENCARGUE DE ESO, PAPÁ PITUFO!

¡YA VERÉIS QUÉ PLATOS TAN RICOS OS PREPARO!

AÑADO UNAS HOJAS DE SALVIA, UNA PIZCA DE ALBAHACA Y UNA BRIZNA DE LAUREL...

¡MMM, QUÉ BIEN HUELE!

¿ALGUIEN QUIERE PROBAR UN POCO? NO SÉ SI LO HE SAZONADO BASTANTE...

¡YO, YO!

SLURP.

MMM...

¿QUÉ TAL?

¡NUNCA HABÍA PITUFADO NADA TAN BUENO!

¡AH, TÚ ERES EL PITUFO VANIDOSO! ¡QUIERO PEDIRTE ALGO!

¿AH?

VERÁS: QUIERO HACERME UN VESTIDITO DE SEDA CON UNAS PINCITAS AQUÍ Y AQUÍ. ¿QUÉ TE PARECE?

PUES YO...

NO SÉ SI ME HARÉ EL ESCOTE REDONDO O EN PUNTA, PERO LA MANGA SERÁ CORTA. ¿TÚ QUÉ OPINAS?

PUES VERÁS...

DESDE LUEGO, LA FALDA SERÁ PLISADA, CON CINTURA ESTRECHA PARA...

SNIF...

¡CIELOS! ¡LA COMIDA! ¡LA CULPA LA TIENES TÚ! ¡MIRA QUE VENIR A ENTRETENERME HABLANDO DE TRAPITOS!

VAMOS, VAMOS... ¡SI ESTÁ MUY BUENO! TOTAL, PORQUE SE ME HAYA PEGADO UN POQUITÍN...

Y AHORA, SI ME PERMITÍS, VOY A CANTAROS UNA CANCIONCITA.

¡MI CORAZÓON NO HACE MÁS QUE LLORAAAR, PENSANDO SIN CESAAAR, EN AQUEL VELERO QUE SE HIZO A LA MAAAR!

¡SIEMPRE RECORDARÉ AQUEL PEQUEÑO CAFÉEE!

¡TODO LO QUE CANTA ESTÁ DESAFINADO! ¡NUNCA HABÍA OÍDO TANTA DESAFINACIÓN!

¡SUEÑO CON FERVOOOR CON AQUEL GRAN AMOOOR!

¡BRAVO! ¡OTRA! ¡OTRA!

CLAP CLAP CLAP

¡PAF!

¡BAH! ¡NO TIENEN NI PIZCA DE SENTIDO DEL HUMOR!

Y AHORA, TODO EL MUNDO A DORMIR...

¡AH!

...PORQUE MAÑANA TENDREMOS QUE MADRUGAR. ¡IREMOS A COMER AL CAMPO!

LA NOCHE ESTUVO PLAGADA DE PESADILLAS...

¡NO! ¡LA PITUFINA NOOOO! ZZZ...

¡ZZZ...CIELOS! ¡LA HE ESTRANGULADO!

AL DÍA SIGUIENTE...

¡BUENOS DÍAS! ¿ESTÁIS LISTOS?

¡HUM! LO SIENTO, PERO YO NO PODRÉ ACOMPAÑAROS... TENGO... EJEM... MUCHO TRABAJO EN EL LABORATORIO.

Y YO TENGO QUE PITUFAR ZARZAPARRILLA.

Y YO TENGO QUE ENSAYAR CON LA GUITARRA.

Y YO TENGO QUE PITUFAR PITUFO.

Y YO...

14

ENTONCES... ¿NADIE QUIERE VENIR CONMIGO AL CAMPO? SNIF...

¡BUAAAAAAAA!

¡NO PODEMOS HACERLE ESTO! NECESITAMOS UNOS VOLUNTARIOS PARA QUE LA ACOMPAÑEN.

ES VERDAD.

SÍ.

PERO... ¿QUIÉN?

¡BUAAA!

TÚ, TÚ Y TÚ. SOIS VOLUNTARIOS.

NOS INSTALAREMOS AQUÍ, EN LA LADERA DE LA MONTAÑA.

VOY A ECHAR UN VISTAZO A LOS ALREDEDORES MIENTRAS LO PREPARÁIS TODO.

¡ESPERAD! HE ENCONTRADO UN SITIO MUCHO MÁS BONITO ALLÁ ABAJO, JUNTO AL LAGO.

¡VAMOS, DAOS PRISA!

BIEN. AHORA JUGAREMOS A ALGO MUY DIVERTIDO: ¡LA GALLINITA CIEGA! YO OS ENSEÑARÉ.

¡YUJUUUU! ¿DÓNDE ESTÁIS?

¡JI, JI! ¡ACERCAOS SI ES QUE OS ATREVÉIS! ¡JI, JI! ¡QUÉ DIVERTIDO!

Peyo 15

19

¡CÚCU! ¡JI, JI! SÉ MUY BIEN DÓNDE OS ESCONDÉIS...

¡PLACH!

GLU... ¡GLUUU! ¡SOCORRO!

YO... GLU... NO SÉ NADAR... GLU... GLU...

¡CORRE A PITUFARLA DE AHÍ!

¿QUIÉN, YO? ¿POR QUÉ YO?

¡PORQUE NADAS MEJOR QUE YO!

¡PERO ACABO DE COMER!

QUEDAOS AQUÍ. YA VOY YO.

GLUB GLUB GLUB

¡BUENA LA HAS HECHO! SERÁ MEJOR QUE REGRESES AL PUEBLO.

¡!!!

¡PERO ESTOY MUY DÉBIL! ESTOY SEGURA DE QUE NO PODRÉ DAR NI UN PASO.

¡CUIDADO! VIENE UNA CURVA. MÁS DESPACIO... VIGILAD QUE NO VENGA NADIE EN SENTIDO CONTRARIO. ¡MUCHO CUIDADO! PODRÍAIS TROPEZAR CON UNA PIEDRA...

Y LA VIDA CONTINÚA...

YA VERÁS QUÉ JERSEY TAN BONITO VOY A TEJERTE.

OYE, YA QUE VAS AL RÍO, ¿PODRÍAS TRAERME TRES MANZANAS BIEN GRANDES Y MADURAS, UNA DOCENA DE AMAPOLAS Y UN POCO DE MIEL? ¡AH! SE ME OLVIDABA... ¿Y UN BUEN CUBO DE AGUA? ¿TE ACORDARÁS DE TODO?

¡CÚCU! ¡ADIVINA QUIÉN SOY!

¡NO LO PITUFO MÁS! HAY QUE HACER ALGO.

OYE, PITUFO BROMISTA... ¿NO SE TE OCURRE NINGUNA BROMA PARA PITUFÁRSELA Y CONSEGUIR QUE NOS DEJE EN PAZ?

¡SÍ! PITUFADME CON ATENCIÓN. OS DIRÉ LO QUE VAMOS A HACER.

16

20

MI CORAZÓN ES UN TROMBÓN QUE SIN RAZÓN...

¡SÍ! ESO SUELE PASAR CUANDO UNO TIENE MUCHO APETITO.

DE TODOS MODOS, MÁS VALE UNA BIEN LLENITA QUE UNA DELGADUCHA.

PAPÁ PITUFO DIJO QUE PRONTO TENDRÍA CELULITIS...

YO TAMBIÉN ME HE DADO CUENTA.

¡CLARO! ¡CADA DÍA ESTÁ MÁS ROLLIZA!

BUENO... MIENTRAS LE QUEPA EL VESTIDO...

¡BIEN CEBADITA, **BIEN CEBADITA!**

HABRÁ QUE REFORZAR EL PUENTE ANTES DE QUE ELLA LO CRUCE.

SÍ, ES LO MÁS PRUDENTE.

PERO... PERO... ¡ES TERRIBLE!

¡CUIDADO! ¡VIENE HACIA AQUÍ!

TRANQUILO. YA HE TER- MINADO.

¡JI, JI, JI!

PUEDE QUE SEA EL VESTIDO EL QUE ME DA ASPECTO DE...

ME PONDRÉ EL TRAJECITO AZUL. EL AZUL ADELGAZA.

CRAC

¡ES ESPANTOSO! ¡SE ME HA QUEDADO ESTRECHO!

21

¡NO ES POSIBLE! TENGO QUE PESARME.

YA ESTÁ AQUÍ. ¿HAS PITUFADO BIEN LA BÁSCULA?

SÍ, SÍ. ¡SSST!

¡CIELOS! ¡HE ENGORDADO TRECE GRAMOS Y MEDIO!

¡A COMER!
¡LA COMIDA ESTÁ PITUFADA!

¡HUMM! ¡QUÉ RICO ESTÁ!

¡ES PARA PITUFARSE LOS DEDOS!

¡DELICIOSO!

TÚ NO PITUFAS, PITUFINA?

NO, GRACIAS. NO TENGO HAMBRE.

TIENES QUE PITUFAR, O TE PONDRÁS ENFERMA.

Y DE POSTRE, UN RIQUÍSIMO PASTEL DE CREMA. ¡ÑAM, ÑAM, ÑAM!

¡DEPRISA! TODAVÍA NO SE HA LEVANTADO DE LA MESA!

NO SÉ SI HABRÉ HECHO MAL COMIENDO ESA HOJA DE ZARZAPARRILLA...

ALGUNOS DÍAS DESPUÉS...

¿DÓNDE SE HA METIDO PITUFINA? LLEVO DÍAS SIN VERLA. ¿ESTÁ ENFERMA?

¡OH, NO!

LE GASTAMOS UNA BROMA. LA HICIMOS CREER QUE HABÍA ENGORDADO Y AHORA NO SE ATREVE A SALIR DE CASA.

¡ESO ESTÁ MUY MAL HECHO! LA VERDAD, OS CREÍA MÁS PITUFOS. ¡DEBERÍA DAROS VERGÜENZA!

ES... ES VERDAD. ¡NOS ARREPENTIMOS, PAPÁ PITUFO!

VOY A PITUFARLA, Y ESPERO QUE LE PEDIRÉIS DISCULPAS

¡PITUFINA! ¡ABRE! ¡SOY YO, PAPÁ PITUFO!

TOC TOC TOC

¡SANTO CIELO! NO CONTESTA. ¡ESPERO QUE...!

18

22

¡HAY QUE DERRIBAR LA PUERTA!

¡BAM!

¡PITUFINA! ¿DÓNDE ESTÁS?

¿QUÉ TE PASA, PITUFINA?

¡BUAAAAAA! ¡QUÉ DESGRACIADA SOY!

¡ESTOY GORDÍSIMA! ¡Y SOY FEA! TENGO EL PELO HORRIBLE Y EL COLOR DE MI CUTIS ES ESPANTOSO... ¡NO PUEDO PONERME NINGÚN VESTIDO! **¡ME QUIERO MORIIIIIR!**

VAMOS, VAMOS...

ES CIERTO. NO ESTÁ MUY GUAPA, LA VERDAD. TENDRÉ QUE PENSAR ALGO.

VEN. VAMOS A INTENTAR ARREGLAR TODO ESTO.

¿SNIF?

TE AVISO QUE NOS VA A LLEVAR BASTANTE TIEMPO.

LABORATORIO PROHIBIDO PITUFAR

¡EH, PITUFO!

VOY A ESTAR MUY OCUPADO DURANTE CIERTO TIEMPO. ¡QUE NADIE ME PITUFE BAJO NINGÚN PRETEXTO!

¡AH! ¿ESTÁ PITUFANDO UN NUEVO EXPERIMENTO, PAPÁ PITUFO?

¡SÍ!

CLAP

NO ME DIJO NADA MÁS.

¿Y SI PITUFARA LA RECETA DE UN PASTEL?

¿O EL MODO DE PITUFAR PITUFA?

CUANDO PAPÁ PITUFO PITUFA UN EXPERIMENTO Y NO QUIERE PITUFAR DE QUÉ SE TRATA, NO HAY QUE INTENTAR PITUFAR LO QUE...

¡A MÍ NO ME GUSTAN LOS EXPERIMENTOS!

¡ESPERADME! YO AVERIGUARÉ LO QUE ESTÁ PITUFANDO!

¿QUÉ?

PUES... NO SÉ. LO ÚNICO QUE PUEDO DECIROS ES QUE HA ENCENDIDO UN BUEN FUEGO.

AQUELLA NOCHE...

¡SSSSST!

¿VES ALGO?

¡NO! NADA. LE OIGO, PERO NADA MÁS.

LLEVA DOS DÍAS PITUFADO EN EL LABORATORIO.

¡Y NOSOTROS SIN SABER NADA! A PROPÓSITO, ¿QUÉ HA SIDO DE PITUFINA?

¡EH! ¡AHÍ SALE!

¡DEPRISA! ID A BUSCAR POLEN DE MIMOSA, CERA DE ABEJA REINA Y ACEITE DE VISÓN. ¡Y A TODA PITUFA!

¡PAPÁ PITUFO! ¿CUÁNDO PITUFARÁ SU EXPERIMENTO?

MAÑANA. MAÑANA AL MEDIODÍA HABRÉ TERMINADO. ¡VAMOS, ESO ESPERO!

AL DÍA SIGUIENTE, AL MEDIODÍA...

¡UY! EL CIELO ESTÁ MUY CUBIERTO. VA A HABER PITUFA...

¡PFFF! PITUFOS... CREO QUE HE TENIDO ÉXITO EN UNA OPERACIÓN DE CIRUGÍA ESTETIPITUFA...

PERO QUIERO CONOCER VUESTRA OPINIÓN. ¡VEN, PITUFINA!

?
?
?

¿Y BIEN? ¿QUÉ OS PARECE?

¡GLUB!

EN ESE MISMO INSTANTE (¿PURA CASUALIDAD?), SE DESENCADENA LA TORMENTA Y RESPLANDECE UN RELÁMPAGO...

CRAAATCH

¿POR QUÉ NO DECÍS NADA? ¿ES QUE NO ME ENCONTRÁIS GUAPA?

¡OH, SÍ!

¡CIELOS! ¡EMPIEZA A LLOVER! TENEMOS QUE COBIJARNOS.

¡QUÉ TIEMPO TAN INFAME! LA LLUVIA NO RESPETA NADA. EN FIN. ESPEREMOS QUE PRONTO VUELVA A LUCIR EL SOL. ¡ME GUSTA TANTO EL SOL! ADEMÁS, ES MUY BUENO PARA MI CUTIS...

¡SOIS MUY AMABLES POR HABERME ACOMPAÑADO! ¡HASTA PRONTO!

¡HASTA PRONTO!

¿QUÉ ESTÁIS PITUFANDO BAJO LA LLUVIA?

¡EH! ¡QUE ESTÁ LLOVIENDO!

¡EH! ¿QUÉ? ¡ATIZA! ¡ES VERDAD!

¡MI CORAZÓN ES UN TROMBÓOOON!

...ME PITUFA, NO ME PITUFA... ME PITUFA...

¡AY! ¡PITUFINA!

¡A MÍ NO ME GUSTA PITUFINA!

ALGO MÁS TARDE...

¡AH! ¡YA HA DEJADO DE LLOVER!

VOY A OFRECERLE MIS SERVICIOS A PITUFINA ANTES DE QUE LO HAGAN LOS DEMÁS...

!

¿NECESITA ALGO, PITUFINA?

¡DÍGALO!

¿QUÉ LE GUSTARÍA TENER?

¿LA TRATAN BIEN?

ME GUSTARÍA CONTAR UN CHISTE. ¿PUEDO?

¡OH, SÍ!

PUES... SE TRATA DE UN ELEFANTE QUE SE ENCUENTRA CON UNA HORMIGA... ¡NO, NO! CREO QUE ES UNA PULGA... O UN RATÓN... BUENO, ES IGUAL. LA PULGA VA Y DICE... EJEM... VA Y DICE...

NO ME ACUERDO DE LO QUE DICE, PERO RECUERDO QUE AL FINAL, EL ELEFANTE CONTESTA: "SÍ, PERO YO ESTUVE ENFERMITO". ¡JI, JI, JI!

¡JA JA JA!

¡JI, JI! ¡ES EL CHISTE MÁS DIVERTIDO QUE HE PITUFADO EN TODA MI VIDA!

¡JI, JI!

¡JA, JA!

¡ESCUCHAD TODOS! PROPONGO QUE ESTA NOCHE CELEBREMOS UNA GRAN FIESTA EN HONOR DE PITUFINA.

¡SÍ, SÍ! ¡Y BAILAREMOS! ¿EH? ¡BAILAREMOS!

¡SEGUIDME! HAY QUE EMPEZAR CON LOS PREPARATIVOS: FAROLILLOS, PASTELES...

?

¡UN MOMENTO! ¿QUÉ ES TODO ESO DE FAROLILLOS, PASTELES...?

ESTA NOCHE CELEBRAREMOS UNA FIESTA EN HONOR DE PITUFINA, PAPÁ PITUFO...

Y BAILAREMOS.

¡NADA DE ESO! YA PITUFAMOS UNA FIESTA HACE POCO. TENEMOS QUE ACOSTARNOS PRONTO PARA PODER PITUFAR MAÑANA Y TRABAJAR EN LA PRESA...

¡OH, PAPÁ PITUFO! ¡NO LO DIRÁ EN SERIO!

LO SIENTO, PITUFINA.

¡QUÉ LÁSTIMA! CON LA ILUSIÓN QUE ME HACÍA A MÍ ESA FIESTA. ¡Y YO QUE CREÍ QUE LE CAÍA SIMPÁTICA! EN FIN, NO SE HABLE MÁS.

ESTÁ BIEN, ESTÁ BIEN. DE ACUERDO.

¡YUPIIII!

¡Y BAILAREMOS!

AL DÍA SIGUIENTE, DE CAMINO A LA PRESA...

UN POCO...

MUCHO.

¡CON PITUFO! ¡CON PITUFO!

MMM... ME PARECE QUE HOY NO ADELANTAMOS MUCHO.

¡YUJUUUUU!

¡PITUFINA!

¿ESTÁ MEJOR?

¡POBRE PITUFINA!

¿SE PITUFA BIEN AHORA?

SÍ, GRACIAS.

VUESTRA PRESA ES MUY BONITA, PERO SIGO PENSANDO QUE ESTARÍA MEJOR PINTADITA DE ROSA.

SÍ, TIENE TODA LA RAZÓN.

¡NO HABÍAMOS PITUFADO EN ELLO!

¡QUÉ BUENA IDEA!

¿DÓNDE SE HAN METIDO AHORA?

¿PERO QUÉ ESTÁIS PITUFANDO?

¡PITUFAMOS LA PRESA DE COLOR ROSA!

¿OS HABÉIS VUELTO PITUFOS? ¿A QUIÉN SE LE OCURRE PINTAR UNA PRESA **DE ROSA**?

LO HA DICHO PITUFINA, PAPÁ PITUFO. Y TIENE RAZÓN PITUFINA. HAY QUE PITUFAR SIEMPRE LO QUE DICE PITUFINA, PORQUE ELLA...

¡EH! ¿DÓNDE ESTÁ PITUFO?

¡ALLÍ!

¡POBRECILLOS! ¡SE VAN A AHOGAR!

¡NO! ¡MIRA! EL PITUFO SIGUE SIN SOLTAR EL LAZO.

¡SE HA SUBIDO A LOMOS DEL CISNE!

¡SUBE POR LA CUERDA!

¡OH! ¡MIRAD! ¿VEIS LO MISMO QUE YO...?

¡TENGO UNA! ¡TENGO UNA!

¡PITUFINA! MIRE LO QUE LE TRAIGO.

¡QUÉ AMABLES SOIS TODOS! PERO NO TENÍAIS QUE HABEROS MOLESTADO.

ME DI CUENTA DE QUE HABÍA CIENTOS DE PLUMAS EN LA ORILLA.

¡AQUÍ HAY OTRA!

27

MÁS TARDE...

BUM BUM

?

ME HA PARECIDO OÍR UN RUIDO FUERA.

BUM BUM

¿QUÉ ES ESE RUIDO TAN FUERTE?

ES..., ES MI CORAZÓN, PITUFINA.

BUM BUM

¡AH! ¿Y QUÉ LLEVAS ESCONDIDO A LA ESPALDA?

PUES...

¡FLORES! ¿SON PARA MÍ?

PUES... SSSSÍ.

¡QUÉ BONITO DÍA, ¿VERDAD?

¡OH, SÍ!

PITUFINA, QUERÍA PREGUNTARLE SI... ¡EJEM!

...SÍ, ¡EJEM! LE GUSTARÍA VENIR A PITUFAR LA PUESTA DE SOL CONMIGO... ESTA TARDE.

¡OH, SÍ! CON MUCHO GUSTO.

¿DE VERDAD? ¿VENDRÁS?

?

BUM BUM

BUM BUM

¿PUEDE SABERSE QUÉ ESTÁS PITUFANDO AQUÍ?

¿Y TÚ?

¿VERDAD QUE ES BONITA MI PUESTA DE SOL, PITUFINA?

¡TU PUESTA DE SOL, TU PUESTA DE SOL! ¡ES MI PUESTA DE SOL, PARA QUE TE ENTERES!

¿QUIÉN VA A OFRECERLE UN PASTELITO A PITUFINA? ¡SERVIDOR! ¡EL PITUFO GOLOSO!

VOY A POR UNA CAJA.

¡MI PASTEL! ¡ME HAN PITUFADO EL PASTEL!

¿QUIÉN VA A REGALARLE UN DELICIOSO PASTEL A PITUFINA? ¡SERVIDOR! ¡EL PITUFO VOLADOR!

¡EH, PITUFO! ¡VEN ENSEGUIDA!

?

¿QUÉ PASA?

¡NO HABÍA NADIE! HA DEBIDO DE SER UNA BROMA.

¡EH, PITUFO! UN PITUFO ME HA PITUFADO EL PASTEL. ¿LO HAS VISTO PITUFAR POR AQUÍ?

¡AY!

¡EJEM! PUES...

¡OYE! ¿QUÉ ESTÁS PITUFANDO A LA ESPALDA? ¡ENSÉÑAMELO!

¡COMO SEA MI PASTEL, VERÁS LO QUE ES PITUFO!

¡AY, AY, AY!

¡BUM!

¡HAS TENIDO SUERTE!

33

Y AL FINAL, ¿QUIÉN VA A REGALARLE UN PASTELITO A PITUFINA? SERVIDOR. EL PITUFO BROMISTA. ¡JA, JA, JA!

TOC TOC TOC

HOLA, PITUFINA. UN REGALO PARA TI.

¡QUÉ AMABLE! NO TENÍAS QUE HABERTE MOLESTADO. ¿QUÉ ES?

¡AAAH! ¡NO! ¡NO LO ABRAS!

?

?

¡ES EL PITUFO BROMISTA! SIEMPRE PITUFA REGALOS QUE EXPLOTAN.

¡FÍJATE BIEN EN LO QUE HAGO CON SU REGALO!

PLACH

SPROTCH

¡ATIZA! ¡PUES NO HA EXPLOTADO!

¿HAS VISTO ALGUNA VEZ UN PASTEL DE NATA QUE EXPLOTE? ¿EH?

¡EJEM! TEMÍ QUE... CREÍ QUE... ¡ESTA SÍ QUE ES BUENA! ¿EH?

¡NO TIENE SENTIDO DEL HUMOR!

¡NO TE DISGUSTES, PITUFINA! AHORA MISMO TE BIR... TE HAGO OTRO.

GRACIAS POR AYUDARME A PITUFAR SETAS.

ES LO NORMAL. ENTRE AMIGOS HAY QUE PITUFARSE.

ES BONITO VER LO BIEN QUE SE LLEVAN MIS PITUFOS.

VOY A CONTARTE UN SECRETO: CREO QUE PITUFINA ME QUIERE.

¿A TI?

LO SIENTO, CHATO, PERO YO SOY EL ELEGIDO DE SU CORAZÓN.

¿TÚ? ¡ANDA YA!

¿POR QUÉ NO? ¿EH?

¡PORQUE SOY YO! ME LO DIJO ELLA.

¡MENTIROSO!

¡HALA!

¡PITUFO, MÁS QUE PITUFO!

¡PITUFO LO SERÁS TÚ!

¡NO TE AYUDARÉ NUNCA MÁS!

¡NI GANAS!

PAF

BING

30

POCO A POCO, LOS CELOS, LA DISCORDIA Y LA ENEMISTAD, SENTIMIENTOS QUE LOS PITUFOS HABÍAN DESCONOCIDO HASTA ENTONCES, DESTRUYEN LA BELLA ARMONÍA QUE HABÍA REINADO ENTRE ELLOS.

¿QUIÉN ME HA ROTO LA GUITARRA CON LA QUE PITUFABA SERENATAS A PITUFINA?

¡JA, JA! ¡TE ESTÁ BIEN EMPLEADO!

TÚ, VE A PITUFARME UN...

AHORA NO, PAPÁ PITUFO. MÁS TARDE.

¡BAH! EL PITUFO VALIENTE PARECERÁ MUY VALIENTE, PERO EN REALIDAD, NO ES TAN VALIENTE COMO PITUFA.

¡TE DETESTO!

¡PAF!

¡Y YO TE ODIO!

¡PIF!

A MÍ NO ME GUSTAN NADA LOS PITUFOS QUE QUIEREN A PITUFINA.

PERO, UNA MAÑANA, EN LA PRESA...

ES POR TI QUE PITUFA MI CORAZÓN... PITUFINA, ME HACES PITUFAR LA RAZÓN...

¡OH! ¡PITUFINA!

¡EH, PITUFINA!

¡PERO SI ES EL PITUFO POETA! ¡BUENOS DÍAS!

¿LE GUSTA ESA PALANCA? SIRVE PARA ABRIR LA COMPUERTA.

SÍ, YA LO SÉ. ¿Y SI LA ABRIÉRA-MOS?

¡NO, NO! PITUFARÍA-MOS UNA INUNDACIÓN CATASPITÚFICA.

¡PERO SI SOLO LA ABRIREMOS UN POQUITÍN DE NADA!

ESTÁ PROHIBIDO. SI PAPÁ PITUFO SE ENTERARA, NOS PITUFARÍA DE LO LINDO.

¡BAH! NO TIENE POR QUÉ SABERLO. ANDA, HAZME ESE FAVOR.

¡NO! ES IMPOSIBLE.

ESTÁ BIEN. SE LO PEDIRÉ A OTRO MÁS VALIENTE.

¡NO! NO SE VAYA. LA... LA ABRIRÉ.

31

35

NO DEBERÍA...
NO, NO DEBERÍA...

TCHAC

¡CHOOOF!

¡QUÉ BONITO! ¡CUÁNTA AGUA! NUNCA HABÍA VISTO NADA IGUAL.

BUENO, VOY A CERRARLA ANTES DE QUE...

MMMM....

¡GNAAAA!

¡NO! ¡NO PUEDO CERRARLA!

EL AGUA PENETRA EN EL VALLE A TODA VELOCIDAD.

Y LLEGA HASTA LA TRANQUILA ALDEA.

¡REPITUFA! ME HE QUEDADO SIN AGUA. VOY A TENER QUE IR AL POZO.

¡PAPÁ PITUFO DEBERÍA INVENTAR UN SISTEMA PARA QUE TUVIÉRAMOS AGUA A DOMICILIO!

PERO... ¿DE DÓNDE VIENE TANTA AGUA?

¡DE LA PRESA! ¡LA PRESA HA PITUFADO!

¿DÓNDE ESTÁ PITUFINA?

¡PITÚFESE QUIEN PUEDA!

¡EL AGUA SUBE CADA VEZ MÁS!

¡A MÍ NO ME GUSTA EL AGUA!

32

Peyo

¡NO PERDÁIS LA CALMA! ¡QUE CADA UNO TOME LO MÁS VALIOSO DE SU CASA Y CORRA HACIA LA COLINA!

¡MIS PASTELES!

¡MI CAMA!

¡MIS REGALOS!

A MÍ NO ME GUSTA NADA DE LO QUE TENGO EN CASA.

¡NO PIENSO ABANDONAR MI CASA! BASTARÁ CON IR TIRANDO EL AGUA POR LA VENTANA.

¡YA ESTÁ! VOY A AVISAR A LOS DEMÁS PARA QUE HAGAN LO MISMO.

¡CHAAAF!

¡VOSOTROS TRES, SEGUIDME! DEBE DE HABER UNA BRECHA EN LA PRESA. ¡INTENTAREMOS TAPONARLA!

MIENTRAS...

¡HAZ ALGO, POR FAVOR! ¡TIRA CON MÁS FUERZA!

¡GNMMPF!

¡CRAC!

¿CÓMO PUEDES SER TAN TORPE? ¡CUANDO UNO NO SABE CERRAR UNA COMPUERTA, TIENE QUE EMPEZAR POR NO ABRIRLA!

¡HAY QUE AVISAR A PAPÁ PITUFO! ¡VEN!

¡PITUFAOS BIEN!

¡CUIDADO! ESTAS PIEDRAS SON MUY RESBALADIZAS.

¡AAAH!

PLAF

¡PAPÁ PITUFO!

¡ESTÁ PERDIDO!

¡YA LE TENGO!

HAY QUE LLEVARLO A SU CASA. ¡PODRÍA ATRAPAR UNA PITUFOMONÍA!

¡NADA DE ESO! ¡TENEMOS QUE SEGUIR!

TRAS MUCHOS ESFUERZOS...

¡ALGUIEN HA ABIERTO LA COMPUERTA!

¡HAY QUE CERRARLA ENSEGUIDA!

¡LA PALANCA ESTÁ ROTA!

¡PITUFAD SOGAS! ¡UNO DE NOSOTROS TENDRÁ QUE BAJAR A CERRAR LA COMPUERTA A MANO!

SUPONGO QUE NO ES COSA DE PREGUNTAR SI HAY UN VOLUNTARIO ENTRE VOSOTROS, ¿EH? ¡ESTÁ BIEN, BAJARÉ YO MISMO!

¡VAMOS! ¡SOLTAD LA CUERDA POCO A POCO!

¡ES INÚTIL! ¡ESTÁ ATASCADA!

¡PITUFADME UN MARTILLO AL EXTREMO DE UNA CUERDA!

MIENTRAS, EN LA COLINA...

¡EH! AHÍ VIENE EL PITUFO POETA...

¡Y PITUFINA!

¡PITUFINA! ¡ESTÁS AQUÍ!

¡TE CREÍAMOS PITUFADA!

¡CUÁNTO TE HEMOS PITUFADO!

¡DEPRISA! ¿DÓNDE ESTÁ PAPÁ PITUFO?

¡EN LA PRESA! ¿POR QUÉ?

PORQUE YO... POR NADA.

¡YA ESTÁ!

PAF PAF

¡YUPIII! ¡LO HA CONSEGUIDO! ¡SUBIDLE!

BIEN, AHORA REGRESEMOS AL PUEBLO.

HORAS MÁS TARDE...

HARÁN FALTA MESES PARA PITUFARLO TODO, PERO EN FIN, TODOS ESTAMOS SANOS Y PITUFOS, QUE ES LO PRINCIPAL.

Y AHORA, QUIERO SABER QUIÉN HA PITUFADO LA COMPUERTA DE LA PRESA.

¡EJEM! FUI YO, PAPÁ PITUFO.

¡AH, FUISTE TÚ! ¡BRAVO! ¿HAS VISTO LA QUE SE HA ARMADO? ¿Y POR QUÉ LO HICISTE, SI PUEDE PITUFARSE?

PUES... ¡PITUFINA ME LO PIDIÓ!

¡PITUFINA! ¡SIEMPRE PITUFINA!

¡YA ESTOY HARTO! DESDE QUE LLEGASTE, TODO PITUFA AL REVÉS.

¿DE VERDAD?

¡BIEN! ¡MUY BIEN! ¡REQUETEBIÉN! YA QUE PENSÁIS ASÍ, VOLVERÉ JUNTO AL BRUJO GARGAMEL.

¿QUÉEE?

¡NO! ¡NO PUEDE SER!

¡UN MOMENTO! ¿HA DICHO QUE VOLVERÍA "JUNTO AL BRUJO GARGAMEL"?

SÍ. ¿POR QUÉ?

¡GARGAMEL! ¿CÓMO NO SE ME PITUFÓ ANTES?

¡LLEVÁOSLA Y NO DEJÉIS QUE PITUFE DE CASA PARA NADA!

PERO... PERO... ¿QUÉ HE HECHO? ¡SOY INOCENTE! ¡SOCORRO!

OIGA, PAPÁ PITUFO...

NO HAY QUE TENÉRSELO EN CUENTA...

ESA POBRE PITUFINA...

QUÉ VA A HACERLE?

¡UN JUICIO! ¡PITUFINA ES UNA ENVIADA DE GARGAMEL Y DEBE SER JUZGADA!

¡TÚ, PITUFO FILÓSOFO, SERÁS EL FISCAL, Y TÚ, PITUFO BROMISTA, SERÁS EL ABOGADO DEFENSOR!

PITUFAREMOS A SUERTES LOS NOMBRES DE LOS JURADOS. TÚ, VE A PITUFARME UN BIRRETE.

SÍ, PAPÁ PITUFO.

AQUÍ TIENES, PAPÁ PITUFO.

¡NO! ¡NO! ¡ESO ES UNA SETA!

¿AH?

ESTOS SERÁN LOS JURADOS: PITUFO GOLOSO, PITUFO VANIDOSO, PITUFO ARMONÍA, PITUFO CARPINTERO, PITUFO VOLADOR Y PITUFO GRUÑÓN.

¡A MÍ NO ME GUSTAN LOS GRUÑONES!

¡EL TRIBUNAL HA QUEDADO CONSTITUIDO! EL JUICIO SE CELEBRARÁ MAÑANA POR LA MAÑANA.

36

AL DÍA SIGUIENTE...

QUE PITUFE LA ACUSADA.

¡OOOOH!

¡QUÉ PÁLIDA ESTÁ!

¡POBRE PITUFINA!

¡SEGURO QUE HA ESTADO LLORANDO!

PITUFINA, SE LA ACUSA DE PITUFAR POR ENCARGO DEL BRUJO GARGAMEL, PITUFANDO ADEMÁS LA INUNDACIÓN DE NUESTRO PUEBLO. ¿QUE PITUFA EN SU DEFENSA?

¡SE EQUIVOCA! ES VERDAD QUE FUE GARGAMEL QUIEN ME ENVIÓ, PERO YO JAMÁS...

¡AAAAAH! ¿HABÉIS OÍDO, PITUFOS DEL JURADO? ¡LO CONFIESA! ¡HAY QUE PITUFAR SIN PIEDAD A ESA CRIATURA DE GARGAMEL QUE...!

¡BUUUU!

¡PITUFADLO!

¡PITUFO MENTIROSO!

¡BUUUUUU!

¡FLATCH!

¡SILENCIO O MANDARÉ PITUFAR LA SALA!

SEÑOR FISCAL, QUE COMPAREZCAN SUS TESTIGOS...

¡NO TENGO NINGUNO, PAPÁ PITUFO! SE LO PEDÍ A TODOS, PERO NO QUISIERON...

¡JUAAAA!

¡JI, JI, JI!

EJEM... ¿Y USTED, ABOGADO DEFENSOR? ¿TIENE TESTIGOS?

¡SÍ! ¡YO!

¡YO!

¡YO!

¿Y POR QUÉ NO YO?

¡YO!

¿TÚ? ¿POR QUÉ TÚ?

¡PITUFAMOS DECIR LA VERDAD!

¡NADA MÁS QUE LA VERDAD!

¡TODA LA VERDAD!

¡PENSAMOS QUE PITUFINA ES INOCENTE!

¡PEDIMOS DEJARLA EN LIBERTAD!

¡ELLA ES BUENA Y GENTIL!

¡MIENTRAS QUE EL PITUFO FILÓSOFO ES UN PEDAZO DE BRUTO!

37

¡ESTÁ BIEN, ESTÁ BIEN! ¡TODOS A SUS SITIOS!

EL FISCAL TIENE LA PALABRA.

¡PITUFOS DEL JURADO! ¡NO OS DEJÉIS PITUFAR POR LAS APARIENCIAS! ¡NO ES PITUFO TODO LO QUE PITUFA! DURA PITUFA, SED PITUFA, ¡Y BIEN PITUFA LO QUE BIEN PITUFA...!

¡PITUFINA ES CULPABLE!

¡FLATCH!

EJEM... EL ABOGADO DEFENSOR TIENE LA PALABRA...

SERÉ BREVE. SE ACUSA A PITUFINA DE HABER SEMBRADO LA DISCORDIA ENTRE NOSOTROS. ¡Y ES VERDAD! PERO, ¿QUIÉN TIENE LA CULPA?

PORQUE, PITUFOS DEL JURADO, YO ME PREGUNTO: ¿TENÍA LA PITUFINA DE GARGAMEL ESE CABELLO DE ORO, ESOS OJOS ADORABLES, ESA NARIZ RESPINGONA...?

¡NO! ¡EL ÚNICO CULPABLE ES ÉL, QUE LA HIZO HERMOSA! ¡PAPÁ PITUFO!

¡ES VERDAD!

¡NO HABÍA PITUFADO EN ESO!

¿VEIS COMO PITUFINA ES INOCENTE?

¡SILENCIO O MANDARÉ PITUFAR LA SALA!

ADEMÁS, TENGO AQUÍ UNA PRUEBA IRREFUTABLE DE LO QUE DIGO. SI EL SEÑOR FISCAL QUIERE RECONOCERLA...

¿DE QUÉ SE TRATA?

¡BUM!

¡QUE EL JURADO SE RETIRE A DELIBERAR!

¿QUÉ PITUFAS TÚ DE TODO ESTO?

ES MUY DIFÍCIL OPINAR. PARECE SINCERA.

SÍ, PERO NO HAY QUE FIARSE DEMASIADO. LA ENVIÓ GARGAMEL.

¡A MÍ NO ME GUSTA NADA GARGAMEL!

¿CREES QUE ME CONSIDERARÁN INOCENTE...?

¡CLARO! ESTOY SEGURO...

38

42

¡QUÉ BUENA ES PITUFINA! SE HA SACRI-FICADO POR NOSOTROS. ¡VAMOS, NO ESTÉIS TRISTES! HA DICHO QUE PUEDE QUE ALGÚN DÍA REGRESE.

¡SNIF!

MIENTRAS, TENEMOS QUE ARREGLAR CUENTAS CON ESE DIABÓLICO GARGAMEL.

¡TIENE RAZÓN!

¡TENGO UNA IDEA! ESPERADME...

VEAMOS... SÍ, ESTO SERVIRÁ.

¡DEPRISA! PITUFADME ARCILLA, MUCHA ARCILLA...

¿PARA QUÉ? ¿PARA QUÉ?

ESCUCHAD: VAMOS A PITUFAR UNA PITUFA QUE PITUFAREMOS A GARGAMEL PARA PITUFARLE UNA BUENA LECCIÓN...

¡SÍ! ¡SÍ!

¡QUÉ BUENA IDEA!

¡A TRA-BAJAR!

¡JI, JI! ¡VAYA PITUFA QUE PONDRÁ GARGAMEL CUANDO PITUFE LO QUE HEMOS PITUFADO!

¡A MI ME GUSTA ESA IDEA, PORQUE NO ME GUSTA GARGAMEL!

MÁS TARDE...

SIGO SIN NOTICIAS DE LA PITUFINA. ¿QUÉ HABRÁ SIDO DE ELLA?

TOC TOC

?

¡POR FAVOR, TE PITUFO QUE ME DEJES PITUFAR EN TU CASA! ¡ME HE PERDIDO Y TENGO MIEDO DE PITUFAR DE HAMBRE Y DE SED! ¡NO ME DEJES SOLA EN ESE BOSQUE LLENO DE BESTIAS HORRIBLES!

!

¡ME VENGARÉ! ¡ME VENGARÉ!

FIN

Peyo [40]

LOS PITUFOS TIENEN HAMBRE

EN OTOÑO, Y COMO TODOS LOS AÑOS POR ESTA MISMA ÉPOCA, LOS PITUFOS ALMACENAN PROVISIONES PARA EL INVIERNO.

¡EH, PITUFO, VE A PITUFAR ALGUNAS NUECES!

SÍ, PAPÁ PITUFO.

¡VOSOTROS! ID A PITUFAR AVELLANAS.

SÍ, PAPÁ PITUFO.

¡AVELLANAS, SIEMPRE AVELLANAS! NO ME GUSTAN NADA.

¿POR QUÉ NO PITUFAMOS ZARZAPARRILLA?

¡NO!

PAPÁ PITUFO HA DICHO AVELLANAS Y PITUFAREMOS AVELLANAS.

1

45

¡PAPÁ PITUFO! ¡MIRA LO QUE HE PITUFADO!

¡NUECES! ¡CANTIDADES PITUFALES DE NUECES!

HAY UN ÁRBOL REPLETO DE...

?

!

EJEM... ¡JE, JE, JE!

¡LLEVAD ESAS MANZANAS ALLÁ!

¡A MÍ NO ME GUSTAN NADA LAS MANZANAS!

!

CRUNCH CRUNCH

SI YA EMPIEZAS A PITUFARTE LAS PROVISIONES, ¿QUÉ PITUFARÁS CUANDO LLEGUE EL MAL TIEMPO?

NO... NO VOLVERÉ A PITUFARLO. ¡LO PITUFO!

¡PAPÁ PITUFO! ¡PAPÁ PITUFO! ¡HE PITUFADO UN NÍSPERO!

¡NO! ¡ESO ES UNA **BELLOTA!**

¡AH!

VOY A VER QUE TAL PITUFA TODO EN LA DESPENSA.

¡ARRIBA!

EL GRANERO ESTÁ REPLETO, PAPÁ PITUFO.

BIEN. YA PUEDE VENIR EL INVIERNO QUE TENDREMOS CON QUE PITUFAR.

¡VAMOS! YA PUEDES PITUFAR EL SACO.

2

¿VIENE A PITUFAR CON NOSOTROS, PAPÁ PITUFO?

¡NO, NO! ¡YA NO TENGO EDAD PARA ESOS PITUFOS!

PAF

¡BRRR! ¡QUÉ PITUFO HACE!

¡ATCHÍS!

ME PARECE QUE... SNIF... HE VUELTO A PILLAR... SNIF... UN PITUFO.

¿QUÉ TE PARECE MI PITUFO DE NIEVE?

¡MUY BONITO!

DING DONG DING

¡OH, ESA!

¡ES LA PITUFA DE ALARMA!

4

¿QUÉ HABRÁ OCURRIDO?

DING DONG DING

¡OH! ¡MIRAD!

!

¡NUESTRO ALMACÉN DE VÍVERES SE ESTÁ PITUFANDO!

¡DEPRISA! ¡PITUFAD TODOS LOS RECIPIENTES QUE PODÁIS Y FORMAD UNA CADENA! ¡PERO PITUFAOS, POR EL AMOR DE PITUFO!

¡OH, NO! ¡EL AGUA DEL PITUFO ESTÁ HELADA!

?

¡DEPRISA! ¡PITUFADME UNA PIEDRA GRANDE!

GRAC

¡PLAS!

¡VAMOS, SAL DE AHÍ! NO ES MOMENTO DE TOMAR UN PITUFO.

5

49

PERO, PERO, ENTONCES...

SI NO QUEDA NADA PARA PITUFAR...

¡VAMOS A MORIR DE PITUFA!

¡CALMA, CALMA! NO NOS PONGAMOS NERVIOSOS.

¡TENEMOS QUE PITUFAR ALGO, PAPÁ PITUFO!

TENÉIS RAZÓN: HAY QUE PITUFAR ALGO.

¡CONFIAD EN MÍ! YA SE ME PITUFARÁ ALGO.

SÍ. ES ABSOLUTAMENTE PRECISO PITUFAR ALGO.

PERO... ¿QUÉ?

AQUELLA MISMA NOCHE...

¡HAY QUE PITUFAR LO QUE SEA!

AL DÍA SIGUIENTE...

¿HA PITUFADO ALGUNA COSA, PAPÁ PITUFO?

PUES... TODAVÍA NO... PERO PITUFO, PITUFO...

PERO PASAN LOS DÍAS Y PAPÁ PITUFO SIGUE SIN PITUFAR NADA DE NADA...

¡QUÉ PITUFA TENGO!

¿ADÓNDE VAS?

¡A PITUFAR! COMO DICE EL REFRÁN: "QUIEN PITUFA, ENCUENTRA".

¡Y YO! TENGO EL ESTÓMAGO EN LOS PITUFOS.

¡QUÉ DESTINO NOS ESPERA! ¡SIN UN MAL PITUFO DE PAN QUE LLEVARNOS A LA PITUFA!

Peyo 8

EL HAMBRE OBLIGA A LOS PITUFOS A COMER CUALQUIER COSA.

¡PUAG! ¿DE DÓNDE HAS SACADO ESTO?

¡PREFIERO NO DECÍR-TELO!

¡QUIEN PILLARA UN BUEN PLATO DE ZARZAPARRILLA CON...!

¡OH, **CÁLLATE**, POR FAVOR!

¡FÍJATE! ¡HE PITUFADO LO MENOS DIEZ GRAMOS!

¡EH! ¿POR QUÉ ME PITUFAS DE ESE MODO?

¡TENGO PITUFA!

¿QUÉ DICES?

¡DIGO QUE TENGO PITUFA!

¿QUÉ?

OYE, ¿ESTÁS SORDO?

NO, PERO LOS PITUFOS HAMBRIENTOS PERDEMOS OÍDO...

¡YA EMPIEZO A ESTAR HARTO DE APRETARME EL PITUFO!

¡ME PITUFARÍA LO QUE FUERA CON TAL DE CALMAR ESTA PITUFA!

¿UNA AGUJA? ¿TE HAS PITUFADO UNA AGUJA?

SÍ, PERO UNA AGUJA DE PINO.

¿UN PEPINO? ¿DÓNDE HAS PITUFADO UN PEPINO?

¡PAPÁ PITUFO! ¡PAPÁ PITUFO! ¡HABLAN DE JUGAR A SACAR LA PAJITA MÁS CORTA PARA SABER A QUIÉN SE VAN A PITUFAR ENTRE TODOS!

¡ME MUERO DE PITUFA!

¡YO TEN-GO SED!

Peyo

53

¡EH, PITUFO! ¡VEN!

?

¡HE ENCONTRADO ALGO QUE PITUFAR!

¡NO ME DIGAS!

¡JA! ¡JA! ¡JA! ¡HAS CAÍDO COMO UN PITUFO!

¡EL PITUFO BROMISTA!

¡BAH! LOS HAY QUE NO TIENEN SENTIDO DEL HUMOR...

GRAT
GRAT
GRAT

GRAT
GRAT
GRAT
GRAT

¡NO QUEDA NADA, PAPÁ PITUFO! NI UNA RAICITA.

ESTO NO PUEDE CONTINUAR ASÍ.

SOLO PODEMOS HACER UNA COSA.

¡PITUFOS! EN VISTA DEL HAMBRE QUE NOS AMENAZA, HE TOMADO LA DECISIÓN DE ABANDONAR LA ALDEA PITUFA...

¿ABANDONAR LA ALDEA?

¿PITUFAR NUESTRAS CASAS?

PERO, PAPÁ PITUFO...

¡ES NECESARIO! EN OTRO LUGAR, SEGURO QUE ENCONTRAREMOS ALGO QUE PITUFAR. ¡VAMOS! ID A PREPARAR LO IMPRESCINDIBLE PARA LLEVAROS...

PITUFAR NUESTRAS CASAS...

...NUESTROS HOGARES...

EN FIN, ¡SI NO HAY MÁS REMEDIO!

MI ROPA...

UTENSILIOS DE COCINA...

ALGUNAS HERRAMIENTAS...

MI COLCHÓN...

MI CUADRITO...

¡REPITUFA! ¡NO PODRÉ CON TODO ESTO YO SOLO!

VOY A PEDIRLE A PITUFO QUE ME ECHE UNA PITUFA...

¡EH, PITUFO!

¿PODRÍAS AYUDARME A...? ¡OH!

BIEN. ¿ESTÁIS TODOS LISTOS?

¡NO! FALTA UNO, PAPÁ PITUFO.

¡ID A PITUFARLO, DEPRISA!

¿DÓNDE TE HAS METIDO, PITUFO?

DEBE DE ESTAR EN SU CASA.

¿VIENES O QUÉ? NOS VAMOS.

¡NO! ¡MARCHAOS VOSOTROS! ¡YO ME PITUFO AQUÍ! ¡FUI PITUFADO AQUÍ, HE PITUFADO AQUÍ Y SEGUIRÉ PITUFANDO AQUÍ!

¡VAMOS, PITUFO! TENEMOS QUE MARCHARNOS.

¡NO!

ANDA, VAMOS.

¡SNIF!

YA ESTAMOS TODOS.

BIEN. ¡VÁMONOS!

Y TRAS LANZAR UNA ÚLTIMA MIRADA A SU QUERIDA ALDEA, LOS PITUFOS SE ALEJAN RUMBO A LO NEVADO Y DESCONOCIDO...

¡SNIF!

12

COMIENZA ENTONCES UN LARGO CALVARIO...

HAY QUE CAMINAR, SIEMPRE CAMINAR...

DE DÍA Y DE NOCHE...

ESCALAR MONTAÑAS...

FRANQUEAR PRECIPICIOS...

¡LUCHAR CONTRA EL CANSANCIO!

?

ZZZZZZ

LAS TEMPESTADES...

Y SOBRE TODO, ¡EL HAMBRE!

MIEL

PERO, CIERTA MAÑANA...

?

¡MIRAD!

¡UN CASTILLO!

¡SEGURO QUE ESTARÁ HABITADO!

Y SI ESTÁ HABITADO, TAMBIÉN HABRÁ ALGO QUE **PITUFAR**.

¡ESTAMOS SALVADOS!

¡VAYA! TENDREMOS QUE PITUFAR UNA ESCALERA.

¡HOP!

¡ADELANTE! NO SE VE A NADIE.

¡PUAAJ! ESTO ESTÁ LLENO DE PITUFAS DE ARAÑA.

SÍ. PARECE QUE EL CASTILLO ESTÁ ABANDONADO.

TE... TENGO PITUFO. ¡VÁMONOS!

¡NO! PRIMERO AVERIGÜEMOS DÓNDE ESTÁ LA COCINA.

¡CUIDADO! ¡VIENE ALGUIEN! ¡PITUFÉMONOS!

14

58

¡UF! NO ERA MÁS QUE UN RATÓN.

TE... TENGO PITUFO.

¿Y SI ESTE AGUJERO LLEVARA A LA COCINA?

¡SEGUIDME!

¡UF! AQUÍ NO SE VE TRES EN UN PITUFO.

¡VAYA! JURARÍA QUE ESTAMOS DENTRO DE UN ARMARIO.

NADIE A LA IZQUIERDA...

NADIE A LA DERECHA...

!?

¡PODEMOS SALIR!

¡ÑAM! ¡ÑAM!

¡OH, NOOO!

¡EL MUY GRANUJA!

¡NO LO DEJÉIS ESCAPAR!

¡COMO TE ATRAPE, TE ARRANCO LA PITUFA!

¡Y TE ATRAPARÉ!

¡AHÍ ESTÁS!

¡OH!

¡HEMOS ENCONTRADO UN TESORO AL FONDO DE UN PITUFO!

¡Y DIAMANTES!

¡MIRAD! ¡TODO ESTO ES ORO!

¡Y ALLÍ DENTRO TODAVÍA QUEDA MÁS!

IREMOS A PITUFÁRSELO.

!

¡SALVADO! ¡ESTOY SALVADO!

¡AH! ¿CÓMO AGRADECEROS ESTE INMENSO FAVOR? ¡LA MITAD DEL TESORO OS PERTENECE!

¡AH, NO! NO SABRÍAMOS QUÉ HACER CON ÉL. LO ÚNICO QUE TE PEDIMOS SON PROVISIONES PARA EL INVIERNO. LAS NUESTRAS SE QUEMARON EN UN INCENDIO.

¿PROVISIONES? ¡CON ESTA FORTUNA PODREMOS COMPRAR CUANTO QUERAMOS!

¿HASTA PASTELES?

¿MIEL?

¿Y TAMBIÉN ZARZAPARRILLA?

¡CLARO! TODO CUANTO DESEÉIS.

¡YUPIIIIIIIIIIIIIIIII!

¡A MÍ NO ME GUSTAN LOS "YUPIIIIIS"!

19

Y ESE FUE EL **FIN** DEL HAMBRE DE LOS PITUFOS